HUELLAS DE UNA MEMORIA PERDIDA

Adriana Devers

HUELLAS DE UNA MEMORIA PERDIDA

Primera Edición Urpi Editores, 2008
Segunda Edición Cuentos de Tríadas Inc. 2022

ISBN: 979-8-9855728-1-0

Corrección de textos
Equipo Cuentos de Tríadas

Ilustración de portada y consultoría
Laura Villana

Diseño Gráfico
Clementina Cortés

De la primera edición

Sutilmente, Adriana Devers nos envuelve con versos personales entregados en imágenes que evocan la palabra sincera de la poeta, trascendiendo notablemente hacia lo colectivo, hacia un universo que desnuda al mundo que la rodea matizando un modo especial de ver y asumir la vida.

Así, Adriana se revela sin mayores juegos retóricos y allí radica su virtud poética, brindando una poesía transparente y lírica. Ella se entrega a las palabras, al coloquialismo de una cultura que se muestra en el habla de su realidad, atreviéndose a versar desde el alma un lenguaje plagado de ternura, musicalidad y color, así como de pasión a flor de piel y de espiritualidad.

Walter Ventosilla
2008

Palabras de la autora

Huellas de una memoria perdida, publicado con Urpi Editores en el 2008, fue mi primer intento en el mundo literario. Una colección de poemas simples, llenos de ingenuidad y un profundo deseo de pertenecer. Hacer esta revisión presenta todo un proceso de autoconocimiento. Un recordar de la profunda tristeza que me inundaba y la facilidad con la que siempre he conectado con el sentir ajeno.

Cada poema carga consigo un momento específico de mi vida. Celebran tanto mi herencia taína, como mi herencia africana y el orgullo de ser de mi Quisqueya la bella, a pesar de sentir un profundo dolor por todo lo que negamos.

Esta segunda edición va tan llena de amor como la primera. Ahora con la madurez que se alcanza al cerrar ciclos, y reconociendo que para "pertenecer" no se necesita el permiso de nadie.

Huellas de una memoria perdida son mis letras, mi sentir, mi renacimiento. Ahora repartido en dos partes: "Huellas de mi herencia" y "Retazos de mi memoria". Es un pequeño recorrido por los entornos que han forjado mi identidad, las personas que han sido parte de cada etapa, mi interpretación del sufrir (tanto el mío como el de otras personas), y la majestuosidad de mi herencia negra, que ha sido uno de los aspectos más importantes en mi vivir.

Todos dejamos huellas en cada paso que damos, aquí humildemente les comparto algunas de las mías. Espero disfruten, mis "huellas de una memoria perdida".

Con gratitud y amor infinito,

Adriana Devers

Contenido

Huellas de mi herencia

Retazos de mi memoria

«Si queremos progresar, no debemos repetir la historia, sino hacer una nueva. Debemos añadir a la herencia dejada por nuestros antepasados».

Mahatma Gandhi

Huellas de mi herencia

Tortuga Taína, imagen de Laura Villana

Del mestizaje
El fruto de los dioses

Sonó el tambor
la maraca
la hembra se mece en la hamaca
la mai prepara el casabe.
Guaya la yuca, la eprime
su pecho no lo reprime
su ingenuidad sigue intacta.

Sonó el tambor
la maraca
con asombro y desacato
se acercó a ella un blanco
con su belleza en un rato
se quedó depavorío
nunca un ángel había visto
con ojos tan pronunciados.

Sonó el tambor
la maraca
se ve que el malo no falta
y en el conuco un quejido
deja saber a la tribu
que algo a la niña le pasa.

Sonó...no...no suena nada.
Robó a la princesa su mirada
de inocencia celestial
y a su tierra va a llevar
el tesoro de una santa.

Con sus herramientas raras
quiere a la tribu comprar
tal vez no lo hizo por mal

tal vez la quiso en verdad
tal vez así es en su casa.

Violento, perro, insensato
que piensa que porque es blanco
todo lo puede pagar
con una promesa de tierra
de la que ni siquiera es dueño
y un contrato de silencio
como si aquella Taína le hubiese hecho algún mal.

Se oye el silencio aturdío...
Entre sus manos un crío
de apariencia un poco extraña
su piel una tez más clara
sus ojos un cielo azul
su pelo como la luz
y de nariz repingada.

Taína
mira su cara
le da un beso en la mejilla
lo acoge en su pecho santo
se mece y se echa a llorar.
Su mai la mira contenta y le dice:
—¡No sea ingrata!
Que este ángel que ahora canta
es el fruto de los dioses
ande vamos al altar
es tiempo de hace el ritual
Pa' recibir más bendiciones
ya los dioses volverán
hay que prepara el altar
¡Vaya a buscar las flores!

Orgullo, alegría, majestuosidad de mi herencia negra.
La negra del batey

La negra viene bajando con la lata en la cabeza
un viejo le va silbando por el sube y van de sus caderas
en el batey su negrito
que allí la ha de esperar
y sus cuatros muchachitos
de mirada celestial.

El negro llega del campo
con la caña y el machete
agarra a su hembra hermosa
y murmura entre los dientes:

"Negra yo si te pensao'
Negra ya deja el maní
Tiralo to'pa un lao' y ya ven pa onde mi
que ete negro de Quimbamba*
hoy a venio caliente
quiere rumba
quiere samba
desea a su negrita ardiente"

La negra to' lo ha soltao'
y con el son de la conga
se van los negro danzando
como el vaivén de las olas.

Sumba que el negro si puede
rumba que la negra goza
mana el olor a melaza
baila, baila, sube, baja
el negro canta
a su negra hermosa.

*Lugar lejano

Bajando viene la negra,
bajando viene el negrito
con la canilla empolva
del sube y van, ran pan pan,
el dulce del agua el río.

¡Dale negro de Quimbamba!
¡Hechale negra e' Simbaoa*!
Con lo palo, con la yagua*
siganse pa' los olivos
a danzar con los espíritus
que heredamo de la raza.

Anaisa* sale y baila
en el cuerpo de otra diosa
que se tira y se emociona
al escuchar los quiyombos*
y e que naiden está soldo
al sonido e' lo tambore.

Por eso digo señore,
¡Vamono to'
que hace falta
el recolda nuestra herencia!
¡A baila' gagá* ay ombe!
o los palo de mi tierra.

*Simbaoa. Pronunciación errónea de Zimbabue, país en África.

*Yagua. Tipo de palma utilizada para techar, hacer manualidades y objeto para deslizarse.

*Anaisa. Diosa del amor en el espiritismo dominicano.

*Quiyombos. Música de palos dominicanos.

*Gagá. Baile carnavalesco de gran importancia en la preservación de la herencia negra de la República Dominicana.

Pal viejo son la flore'

¡Ay! Ay! Ay!
Siento brisa q' a lo lejo
me ta traiendo dolore'
Negro onde tan la flore'
pa llevala al cementerio.

Mira q'el viejo ta necio
polque se siente el vacio
de lo grillo el sumbio
del incencio suj ojolore.

¡Ay! ¡Ay! ¡Ay!
Negro onde tan la flore'
Q' el Viejo ta' pellicando.
de la vieja ya oigo el llanto
y no aguanto lo dolore'.

De noche
no pue anda sola
con su cantare me pelsigue
y me guele el no miralo
el sabe' q' tan tan trijte.

Ay Negro ya no me innore'
dime onde tan la flore'
Pa yo acaba' con su llanto.
El Viejo la quiso tanto
que su aroma aún pelsigue.

Y yo e sio la heredera
de ese tan tan de cadera'
y ese olol a marisole'
q en cuanto cae el rocio

se me pega del oio
y va rechichando grillo
pidiendome loj amore.

¡Ay! ¡Yo no soy esa negra!
Yo no soy a quien tu bujca'
Negro ya vete a la tumba
y dale al viejo su flore'
pa ve si consigo sosiego
de su epíritu mayombe
¡Ay negro ve al cementerio
llevale al viejo su flore'!

Lamento de un negro en la madruga'

El negro en la madruga'
se despierta con el llanto
con ese ruido inmenso
con ese trite lamento
que se oye del otro lado.

Canela emborrachadora
azúcar color café
No hay vivere pal sancocho
"ma'i yo quiero come'".

El negro sale de la cama
"Dios mío que voy hacer,
Mi negrita tiene hambre,
¿Qué le pueo' dar' de comer?"

Un llanto, un murmullo
una lágrima correr
el latido se ha parado
en el medio del batey.
Los sudores se vuelven llanto
el querer se vuelve en poder.
El susurro entre el silencio
hace el grillo desaparecer.

"¿Dónde quedó mi negrita?
¿Dónde quedó mi mujer?
¿Dónde está la muchachita?
¿Mi Dios qué puedo yo hacer?"

El silencio se apodera
del clamado en la madruga'
la batea resuenan
la corneta anuncia el final.

“Negro, ¿dónde está la esperanza?
Negro, ¿dónde está el amor?
Negro, mi vida se ha ido
se lleva tu corazón”.

“Negrita, vuelve conmigo
Dios mió ¿qué puedo hace?
No me queda nada bueno
¿Qué le pueo' yo ofrece?”
El suspiro se hace eterno.
Lamento desgarrador
los espíritus la arrastran
a la orilla, al rincón.

“¡Ay, negro!, ¡Qué sufrimiento!
Mi negro, ¿Qué puedo hace?
He perdido la batalla
El poder se ha hecho el querer.”

Entre el aquí y el allá. Costumbres

Pedir su bendición en la mañana
rezar el padre nuestro antes de dormir
caminar despacio, observando el día
sonriendo
Hacer sonreír.

He perdido la costumbre
de decirte buenas noches,
ya no te he dado las gracias
ya no te hablo al salir.
Has perdido la costumbre
de llamarme en las mañanas
ya no me exiges las gracias
ya no te falta mi llamada
no es lo mismo convivir.
He perdido la costumbre
de mencionar tu nombre
en las oraciones que hago
justo antes de dormir.
Ya no es lo mismo mimarte
o decirte que te quiero
ya no te veo en el día
ni mucho antes de salir.

Me pregunto qué ha pasado
¿Cómo llegamos aquí?
¿Será el recuento de los años,
que las costumbres arrastran
o el tiempo traicionero nos hace verlo así?

He perdido la costumbre
de refugiarme en tu manto
ya no temo de la noche.
Aprendí a cuidar de mí.

Tal vez esa independencia
Esa ausencia de mi niñez
es lo que hoy nos separa
y a ambas nos hace sufrir.

Ya no corro hacia tus brazos
cuando tropiezo en la calle
ahora me levanto y sigo
como aprendí de ti.

He perdido la costumbre
de decirte buenas noches
hace un tiempo que ignoro
lo que tú piensas de mí.
No se si soy tu orgullo
o tu dolor de cabeza
no se si soy tu sueño
o causa de tu sufrir.

Aunque hay cosas que cambian
y he crecido tanto
por nada cambiaría lo que eres para mí
por que no es costumbre sino garantía Divina,
el saber que si te necesito tú estarás ahí.

Quererte no es una costumbre
es la bendición que Dios ha otorgado a mí existir.

Dominicanyol

Que contento yo me siento
que alegría siento yo
el regocijo eh tan inmenso
que me hace temblá de emoción.

Mai brother me voy de viaje.
Fainally i ge to lif
de regreso a mi paí
voy a i a ve a mi madre.

Ya mi maleta tan hecha
ya tengo un pie en el avión.
Ya dejé pagá la renta
pa' no tené preocupación

Cuando me vea mi gente
que dicha le gua da'
epecialmente en el colmadón*
donde yo compro el brugal
me reuno con lo tigere'
¡Y ay mi mai que goza'!

Ahora si voy pa' mi tierra
pa' mi Quiqueya querida
me pelderé en Boca Chica*
bajándome pal de fria.

No e que sea mal agradecia
Ni que no me gute Brentwood
eh que na aqui e lo mimo
como mi tierra no hay dó.

*Colmadón. Tienda de productos básicos

*Boca Chica. Playa popular en Santo Domingo

A lot of you may understand me
y saben bien lo que le digo.
Even though I like it here,
yo sin mi pueblo no vivo.

Me hace falta mi cultura
aunque la trato de integrar
pero todo se queda mixeao.
It becomes Spanglish y ya'.

Por más de aquí que uno sea
siempre será de allá
si se añora el calorcito
que sólo esa tierra da.

De allí hay grandes cantantes
gente que da inspiración
un pueblo que día a día lucha
por ser cada vez mejor.

Por eso con orgullo digo
lo digo de corazón
¡Yo soy dominicana!
¡Yo soy dominicanyol!
Y mi tierra por ninguna
¡Jamás la cambiaría yo!

Foto: Sheryllin Arias

Quisqueya

Llevo sus colores en cada poro,
el sazón de su ritmo en las caderas,
mi hijo con un remeneo pícaro que él mismo aún no entiende.
El melao de mi chiquitica, dulzura que hasta al llorar prevalece.
Mis palos*, mis gagás y guloyas*, mi acordeón.
¡Una güira basta pa' prende' la fiesta!
Los tres golpes a cualquier hora del día y un sancocho que levanta
mi espíritu hasta en tiempos de pandemia.
Un trago de mamajuana pa'brindar,
¡mi deseo de morir soñando bajo una mata eh palma!
Amapolas adornando mi atardecer,
el santo niño velando mis pasos.
Tanto que decir, tanto que celebrar, tanto que aprender, que
agradecer, que dar.
Muero y vuelvo a nacer en ti.
En los 27 charcos, en playa de muerto,
en el malecón, en Miramar, en la Duarte con París,
en los rincones que desconozco y admiro, en el paraíso que me falta
por descubrir.
En la historia que de chin a chin voy descifrando,
abrazando pedacitos de nuestra herencia, la que vociferamos y la
que algunos ocultamos detrás de la oreja.
Vuelvo a morir y renazco en ti,
en tus ríos zambullo mi memoria,
en tus montañas rescato mis sueños,
buscando un mañana de justicia,
hermandad, esperanza, un camino tricolor
rumbo a casa.

*Palos. Ritmo tradicional afro-dominicano, también conocido como atabales.

*Gagás y guloyas. Grupos tradicionales representativos del carnaval y fiestas patronales en la República Dominicana.

A Mamá Chela

Un rocío impaciente se derrama
inunda el pétalo de mi clavel.
Un colibrí suspira en mi ventana
clave santa de este nuevo amanecer.

Y doña Chela allí sentada en su cocina
con una vieja mecedora de sostén,
dos cojines que acomodan su estructura
repelente y un trapo para sus pies.

Abuelita veo tu cara a cada instante.
Cuando te pienso, con tu voz viajo hasta ti.
Cuando siento el reflejo de tus besos
tus abrazos van calmando mi sufrir.

Mi viejita estoy contigo aún sin tenerte.
Madrecita ¿cómo crees que te olvidé?
Si tu rostro está clavado aquí en mi mente
Si la bondad fue de ti que la heredé.

Caminando de tus manos al mercado
disfrutando de tu espléndido manjar
memorias, momentos que hemos creado
aún a lo lejos todavía tanto me das.

Ella (Sor Juana Inés)

El conocimiento no limitó su fe
el ser mujer no interpuso barreras
Lanzándose contra cielo, mar y tierra
empujada por una pasión que descontrolada corría por sus venas.

Ella pudo rendirse y no luchar
mas optó no ser sumisa y continuar
Ella pudo negarse a aprender
pero supo que la sabiduría engrandece el ser.

Escuchó decir de las mujeres tantas cosas
Luchó por crear su propia historia
Por descubrir y explorar un mundo ajeno
del que hoy de igual manera intentamos ser dueños.

Ella rompió el sello de dudas con su don de ser
sin olvidar que ante todo era una mujer
vivió de su poesía enamorada
en soledad descubrió estrellas que de su alcoba admiraba.

Escuchó un día decir que el conocimiento era un disfraz
pero sabía que lo contrario podía demostrar.
La voz de Dios se perdía en aquella habitación
donde se unía el universo con aquél de su creación.

En su verso menciona al amoroso tormento que ve.
Yo, ante cada tormento deshilacho mi piel,
con la certeza de que cada día
promete un nuevo renacer.

Huellas de mi herencia

Escucho el tambor y el latido de mi corazón lleva el ritmo.
Pom pom pom pom.
Podría estar a kilómetros de distancia, pero el olor a sancocho me trae de vuelta.

¿Sabías qué, de las sobras que se daban a los esclavos
surge la sopa de mondongo, el mofongo, el rondón,
el tacu tacu y el quimbombo?

Recuerdas que...
¿Haití fue la primera nación independiente del Caribe,
y la primera república negra del mundo?
Viviéramos otra historia si el poder de las naciones no se midiera por el color de piel.
Sabías qué, ¿no todas las latinas parecemos protagonistas de telenovela?
¿Y que América Latina y el Caribe tienen el mayor número de personas de ascendencia africana fuera de África?

El silencio arropa nuestros prejuicios
Hemos sido teñidos por la hipocresía de nuestra sociedad.

Escucho "negra" y me enorgullece el serlo,
siento que cada letra nos embellece.
Nadie como nosotrxs
Emergentes de
Grandeza
Reencarnación
Ascendencia Magnificente
Echando un cántico a nuestra herencia
¡**Sí**, NUESTRA herencia!

El orgullo de ser cielo, mar, viento, tierra.
Arrodillándome ante los recuerdos que el alma lleva
Viviendo en gracia por lo que se nos ha concedido.
Repitiendo: lucharé, lucharé y venceré el retumbe negativo de ese nombre.

¡Ay!, ¡cuántos dicen que España es la madre tierra!
¿Cuántos dicen con orgullo que son descendientes de españoles y taínos?
Dejando atrás el sazón de nuestra cultura.

No sé ustedes
pero mis huellas son una remezcla que el tiempo no puede borrar.
Que los libros de historia aún están por descubrir,
Piezas de rompecabezas que poco a poco se van encontrando
Prácticas, creencias, notas musicales que nunca fueron escritas pero son hermosamente recitadas:
"Y aunque mi amo me mate a esa mina no voy porque no quiero morirme en un socavón"*

El pasado resuena en mi sangre.
No temo a nada,
más que olvidar de dónde vengo.
Deseo que mis hijos se sientan tan orgullosos como yo de mis raíces.
Poder
ver, oír, oler, saborear, la sutileza de la equidad.
Espero con ansias el día cuando lo que marque en una hoja de papel
no determine la calidad de vida que merezco,
sino la carga que ha llevado mi pueblo.
Un peso agotador que acompaña nuestra identidad.
Yo soy afro latina
y mis pasos, tus pasos, nuestros pasos
también dejan huellas.

*De la canción "A esa mina no voy" de Quilapayún.

"En cualquier lugar en que estuvieran recordarán siempre que el pasado era mentira, que la memoria no tenía caminos de regreso, que toda primavera antigua era irrecuperable, y que el amor más desatinado y tenaz era de todos modos una verdad efímera".

Gabriel García Márquez

Retazos de mi memoria

Foto: Rosalba Henao

El vagón de la libertad

Las hojas...
Con ese color quemado,
no hacen más que recordarme la ausente primavera,
la llegada de un invierno ávido,
que al verlas caer celebra su victoria.

En ausencia de mí, veo...
Veo por estos cristales salpicados de recuerdos,
memorias y miradas que no me pertenecen;
el reflejo de mi rostro desganado,
de un alma que está como la arena a la intemperie,
huyendo con cada toque sutil del viento.

El tren...
este viejo y acabado ferrocarril, ha de tener historias.
Historias vividas, historias contadas,
momentos indefinidos para muchos de esos pasajeros
que, como yo, no encuentran el rumbo que verdaderamente llene
de satisfacción el alma.

La sonrisa de una niña de ojos achinados,
el ronquido de un anciano aún despierto,
la música silenciosa de un gringo (que se escapa de la realidad con
su ipod),
el zig zag en cada movimiento,
el ding dong de las puertas, los caminos, las entradas,
asientos vacíos aún con la presencia de aquellos que reposan
sobre ellos.

Cuánto ha visto, cuánto sabe, cuánto guarda cada vagón, que sin
quejidos responde, nos encamina y nos lleva a un destino,
que para algunos es incierto, y para otros es la oportunidad perfecta,
el lugar preciso, para alcanzar un poquito del alimento tan anhelado
por todos...

La libertad.

Antes de dormir

Voy a recitarte un poema antes de dormir
con la esperanza de que caigas rendido ante mi
con el deseo de que esta vez sea cierto
lo que vivimos los dos
con el sueño prometido de una historia de amor.

Mi cuento
mi príncipe
mi firmamento sin final.
Mi castillo, mi caballo blanco
¿Dónde están?
Tú historia
tu dama
tu cielo, estrella azul
nuestro apartamento amueblado
tu BMW.

Tal vez esto no se escuche como mi escritura usual
tal vez tampoco te guste y lo tires por algún lugar
tal vez estos pensamientos
de nada me han de servir
tal vez sientes lo que siento
tal vez, en verdad, no es así.

De todos modos lo digo,
lo diré una vez más
te recitaré un poema
no se si te gustará
con la esperanza a cuestas de que tu pienses en mi.
Con el deseo en la mano
de que no te quieras ir.
Con el sueño prometido de un cuento sin final

una historia de hadas mágicas
que me ayude a tu corazón llegar
Y poder amar, amar.
Y en ti soñar y volar.
Soñar y volar, soñar y volar.

"Si la muerte no fuera el preludio a otra vida, la vida presente sería una burla cruel." Mahatma Gandhi

Te gané en el cielo

Te gané en el cielo,
en el horizonte,
aspirando en la magnitud del universo,
nadando libre, entre doradas, abadejos y catalanas.
Creciendo en el viento,
Cigua palmera
Cuidándonos entre el bullicio de la tierra.

Lloré tu partida,
aun sintiendo la caricia de tu recuerdo,
escuchando tu latido ahora eterno,
una sonrisa que suaviza mi dolor.

Perdona mi egoísmo al extrañarte,
al buscar entre el silencio tus consejos,
perdiéndome en el grito de la noche
cuán violeta milagrosa en el desierto.

Perdona mi ausencia en tu adiós,
la bendición y el abrazo que no pude darte.
Los inagotables "te quiero" que por suerte te compartí
sin embargo, hoy no los siento suficiente.

Te gané en la pradera
entre monarcas y lirios,
apolos, violetas, cayenas(hibisco) y esmeraldas,
cánticos y parábolas disipando la duda
llenando de fortaleza a tu cuerpo vencido,
en espera de la despedida.

La luz de tus ojos pareció apagarse,
más te veo radiante cantando a la vida.
Brotas de mis poros como dulces versos,
con mis niños danzas entre sus sonrisas.
Te gané en el cielo, en el horizonte
pues, aunque no te vea, en mí sigues viva.

Cuán doloroso es el perder

Llueve.
De la misma forma
Que por mis ojos corren las lágrimas.
La tortura es absurda
aunque eso
a veces pasa
no hay motivo presente
pero el pasado es suficiente
para traer la nostalgia a mí.
No vale la pena un recuerdo
Cuando éste te hace sufrir.

Yo trato
y no puedo
el ignorar tu adiós.
La espera se hace larga
cuando no escucho tu voz.
Como duele y lastima
el perder un gran amor
o el ver una vida
acabada sin razón.

Hoy hermana canto a tu nombre
para tí es esta canción
ojalá en el cielo la escuches
esa es mi única ilusión.
La que hoy llevo de manos
la que en sueños me torturó.

Mamá no paró su llanto,
papá tampoco durmió.

La abuela se enfermó de rabia.
Todos rotos tenemos el corazón.
Ahora vivimos con tu recuerdo
y el añoro de tu amor.
Hay preguntas sin respuestas
¿Qué le podemos hacer?
Lo pasado ya fue un hecho
Hoy no podemos retroceder.
Me duele el decirte adiós
pero no hay nada más que hacer.
Tan sólo nos queda aceptar
¡Cuán doloroso es el perder!

Todas, todos, tenemos el derecho a ser tratados con dignidad.

Liberación

Silencio
Es lo que escucho rechinando entre las paredes de esta habitación.
Angustia
Es lo que pintas en mi entorno.
Alivio
Es lo que alcanzo cuando ya no estás.
Fuerza
Es lo que necesito para continuar.

En mi rostro
la marca de tu ira.
En mi alma
el sello del dolor.
En mi cuerpo
una colección de heridas,
un corazón que no palpita,
rodillas débiles por el temor.

Fuerza, es lo que necesito para poner en alto este ciclo.
Alivio, es lo que pide mi vida, es lo que quiero alcanzar.
Angustia, es lo que sentirás cuando me vaya.
Hoy el ciclo se acaba, esto no va a continuar.
Silencio, es lo que marcó esta historia y dio cabida a tu gloria,
a tu machismo, a tu crueldad.

Voy a llenarme de fuerzas
para traer alivio a mis heridas
sacar la angustia de mi vida
y este silencio enterrar.
No eres mi dueño, ni yo tu esclava
Aquí y ahora la historia se acaba
me niego a llorar entre sábanas
tú no mereces mi pesar.

Ahora me encamino en nuevos senderos
dejo atrás todo lo incierto
nuevamente me atrevo a luchar.
Tengo las fuerzas necesarias
para romper las cadenas que me ataban
y mi liberación alcanzar.

Te dejo aquí en silencio
a partir de este momento
mi vida ha vuelto a empezar
sin miedo, sin lágrimas
de nuevo abro mis alas,
y libre voy a volar.

Pensamientos de un cerebro hueco

Envuelta en la soledad aún rodeada de tanta gente
gente que dice quererme, gente que desinteresadamente miente...
Mienten sobre su pensar
mienten sobre lo que sienten.
Pretenden comprender y no entienden.
En su constante juzgar
pisan las metas ajenas
ignoran su propio andar
sus pasos falsos al vacío los conlleva.

Arropada de pesadillas
hundida entre las críticas
me muevo sin saber por dónde
pierdo el interés en la vida.
Viviendo experiencias pasadas
tratando de ignorar el qué dirán
entre memorias estoy ahogada
alucinando en la soledad.

Busco pero nada encuentro.
Pienso pero nada hay
dentro de este cerebro hueco
que se consume entre llamas del mar.
Un mar hecho de lágrimas
lágrimas derramadas por tí.
Un amor que creí verdadero
y de repente perdí.

No me juzgues
¡Ya estoy harta!
No quiero saber nada más
Desaparece, no haces falta.
Es momento de sanar

echarlo todo al olvido
emprendiendo una vez más
cultivando desde adentro
amor incondicional.

Vida

Levantarme,
Respirar, sea cual sea el aire.
El aliento infausto de un día gris y su amanecer,
lento y arrogante,
cambian la perspectiva de cada pensamiento inexhausto que se transporta por mi mente.

Ando como un títere sin rumbo,
Como un ave atada a sus propias alas,
Inexplicablemente,
causante de mi propios encarcelamiento
físico y mental.

En mis sueños se ha infiltrado un energúmeno,
me tortura noche a noche.
Quedo agotada en una fantasía de mi propia creación.
Me pregunto...
¿Qué es la vida?
Solo para responder con la misma linea antes reciclada.
Levantarme,
respirar, sea cual sea el aire.

Después continúo...
Es caminar siguiendo el llamado del destino,
creando un vía crucis, peldaño a peldaño.
Es perseguir algo que es más fuerte que yo.

Instinto. Gracia. Sobrevivencia.
La búsqueda de un lugar en la eternidad.
Pertenecer. Llegar. Lograr.
Cultivar semillas de esperanza
y pase lo que pase, ser
feliz.

Parí nostalgia

Parí nostalgia bajo una lluvia incesante,
arropada de viento me acurruqué en el silencio de la noche,
disfruté sus sonidos ausentes,
sus luciérnagas caídas.

No vi más allá de lo que permitió el tiempo,
vi sólo aquello que aún parece palpable.

Aborté tu nombre entre mil te quieros,
quedándome vacía,
inquieta,
repugnante.

Contrario a los cuentos de hadas...
de princesa a sapo fétido.

Vi mi reflejo,
vi nada,
vi soledad.
Desangrada,
Desalmada.
Parí nostalgia cuando solo
quería amarte.

Renació Monarca

Detrás de ese
al que parece no importarle su destino,
ese que con machete en mano mutila sus propios sueños,
mientras gana rango,
nace y muere una historia.
Detrás de esa que tú piensas nunca fue inocente,
esa que en vez de jugar con muñecas se convertía en una,
para complacencia del mundo hipócrita y soberbio en el que vivimos,
detrás de ella crecen alas enormes.

Alas que rescatan de la soberbia,
arropando el miedo de otros inocentes que el resto del mundo ignora.

Detrás del secuestro nació su mañana,
conservó su inocencia en una mochila de trapo.
Aprendió a soñar sin saber cómo se define un sueño,
sonreía por dentro, a pesar del manantial en su alma.

"A mí me salvaron los libros" dice
"Libro madre,
padre, árbol hermano
que me extendieron sus brazos y abrazaron mis pesares sin juicio,
desde el pasado, augurando luz".

Ella
arcángel,
perdida,
de la mano de su llamado protector,
huyendo de su propio cuerpo.
Ajusticiando su inocencia.
Sintiendo lo que a los 8 años no se debe sentir.
Pájaro herido

expande sus alas mientras viaja inconsciente.
Descubre su por qué.
Al desprenderse de sí,
reconoce la historia de la que anduvo huyendo.
Después de mil reproches a una Diosa maya,
se perdona, la perdona a ella, perdona al tiempo.
Resurge en la verdadera gloria de la existencia.
Detrás de todo lo vivido,
su mágica presencia
renace monarca.
Genuina.
Perpetua.

Soy

Soy mucha mujer
Cuando camino
Soy tanta mujer
Cuando se desvanece mi presencia al andar.

Soy demasiada mujer
para tus sentidos
que viven enfermos de ganas pero no saben desear.

Soy una diosa
con aroma a viento
soy fuerza, esperanza,
amor real.
Una dama sencilla.
Una gata ingrata.
Que envuelta entre tus sábanas tal vez sólo pide más.

Soy mucha mujer
ante tan poco hombre.
Soy tanta mujer
que tú ya no das más.

Soy demasiada mujer
cuando te me escondes
optando por la traición ante la verdad.

Soy mucha mujer.
Soy tanta mujer.
Soy demasiada mujer.
Tú...
Una vez...
mi martirio, mi delirio, mi tormento.

Hoy
un mal recuerdo
nada más.
Porque Soy Mucha Mujer.

Hija de quién
The daughter of...

I am the daughter of doña Chela,
The righteous, the strongest
La que te daba una pela con la mirada
y te enderezaba el futuro sin tocarte un pelo.

I am the daughter of tia Milagros
The guilt that buries her spirit alive
Y la sonrisa que se pinta en su rostro
cada vez que me ve.

La hija de Cira y Fifi
Los que han durado 45 años
Although I suggested a divorce at 8.

Hija del tiempo, del olvido.
Of the solitude that keeps me grounded,
Unfinished poems buried in a mended treasure box.
Little fairies floating through my cloudy skies.
El sol robándose un espacio ausente.

La luna bailando al son del tambor
Tying it all together
Reminding me
That I am more than a name
More than what we define as existence.

Hija de tanto, hija de nada
Hija de la vida por estar aquí
Hija de Dios por el aire que me otorga.
Hija del hoy y el ahora
Hija del yin y del yang.

The duality of life
in its pure essence

The wholeness of my ego and a daily battle against it.

In the end I question
Whose daughter am I anyway?!

(Me miro al espejo
contemplo cada espacio de mi ser
y me pregunto
"¿hija de quién?")

Huellas de una memoria perdida

Mis pies están marcados en la arena
sutilmente el aire roba mi pensar
voy, vas...
el viento nos susurra al oído, nos miramos y pretendemos no escucharle.
No sabes quién soy, no pregunto quién eres
sigo amarrada a los por qué, sigues atado a tus prejuicios.
Somos dos.
Somos ninguno.
Queda ella.
Ella que como viene se va
ella que por momentos trae tanta lucidez a nuestras vidas
ella que de repente se esfuma, dejándonos en la nada de la cotidianidad.

Mis manos reposan sobre tu cuerpo
robo tu aliento
aún no sé quién eres, no recuerdas quién soy
sin embargo sigues mis pasos
persigues mis huellas
me buscas, te acercas
te encuentro, me alejo.

La memoria... inexistente
el deseo tan vivo como aquella primera vez
pero no sabes de mi, ni yo sé de ti.
Sólo nos aborda el recuerdo
una pizca de una memoria que viaja
se acerca, se aleja.

Ella es así
Amarga, agridulce, suave,
Quebrantable. Selectiva. Intensa.

Allí
mis pasos, tus pasos,
quedan intactos sobre su badén
la brisa cubriendo su rastro.
Palpable ante el vértigo
Intacta en la lucidez de mis sueños.
Huellas de una memoria perdida,
en el tiempo,
en la vereda
de aquella que una vez
fue nuestra realidad.

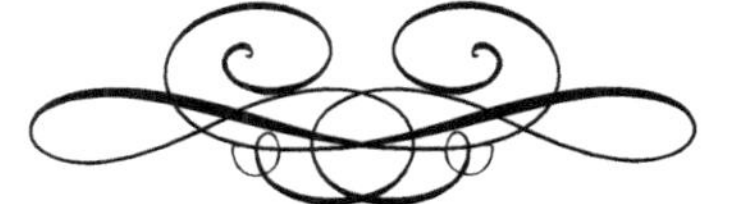

Adriana Devers

Autora, maestra, oradora, gestora cultural.
Licenciatura en Lengua y Literatura, MALS, Certificado de Enseñanza. Más de 15 años de experiencia docente. Freelancer de cuentos infantiles para programas de lectura en línea. Obras publicadas: poema "la negra del batey", en la antología Mujeres de palabra, poética y antología (2010), poemario *Huellas de una memoria perdida* (2008); libro infantil bilingüe *Mi Chiquitica en Luna Llena My Little One in Full Moon* (2018), reconocida por la organización Latino Book Awards en 2019, libro de cuentos *De cuento en cuento* (2019). Libro infantil *¡Todos a bailar!* (2020) una celebración de la herencia hispana y el merengue de República Dominicana. Coautora del Best Seller, *Mujeres que se atreven y superan límites, Historias de inspiración en tiempos difíciles* (2021). Sus más recientes publicaciones: libro infantil bilingüe *Valentina Valente, ¡ella es mi papá!* (2022) y esta segunda edición de *Huellas de una memoria perdida* (2022).
Sus obras presentan un enfoque en la diversidad cultural, la constante búsqueda de la identidad, el orgullo de sus raíces, y el derecho de cada individuo a ser y vivir desde su propia esencia.

Más información, imágenes y otros trabajos visite:
www.cuentosdetriadas.com
Foto: Lisa Dawn Photography

www.ingramcontent.com/pod-product-compliance
Ingram Content Group UK Ltd.
Pitfield, Milton Keynes, MK11 3LW, UK
UKHW061500070726
13610UKWH00006B/10

9798985572810